mamã
🇺🇸 mommy
🇬🇧 mummy

papá
daddy

menino
boy

menina
girl

1 

um

one

2

dois

two

3

três

three

4

quatro

four

5

cinco

five

6

seis

six

7

sete

seven

8

oito

eight

nove

nine

dez

ten

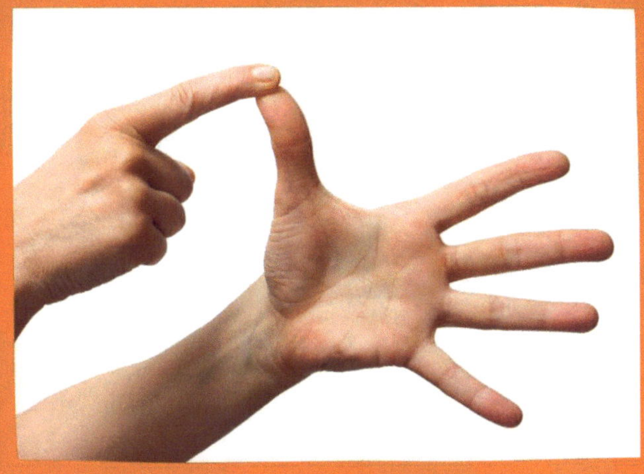

contar

count

escrever

write

desenhar

draw

pintar

paint

círculo

circle

quadrado

square

retângulo

rectangle

triângulo

triangle

estrela

star

preto

black

branco

white

castanho

brown

vermelho
red

azul
blue

amarelo
yellow

verde
green

roxo

purple

cinzento

🇺🇸 **gray**
🇬🇧 **grey**

laranja

orange

rosa

pink

maçã

apple

banana

banana

ananás

pineapple

melancia

watermelon

pera

pear

uvas

grapes

manga

mango

pêssego

peach

morango

strawberry

cereja

cherry

laranja

orange

coco

coconut

limão

lemon

cogumelo

mushroom

milho

corn

tomate

tomato

abóbora

pumpkin

pepino

cucumber

cenoura

carrot

batata

potato

curgete

🇺🇸 **zucchini**
🇬🇧 **courgette**

espinafre

spinach

couve-flor

cauliflower

ovo

egg

prato

plate

colher

spoon

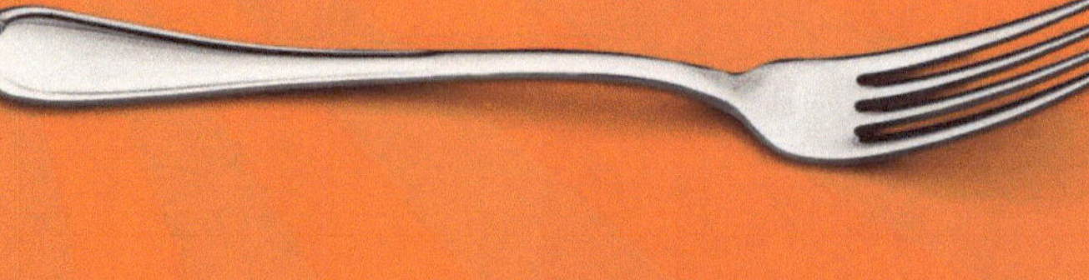

faca

knife

garfo

fork

bolo

cake

biberão

baby bottle

doces

candies

queijo

cheese

beber

drink

comer

eat

quente

hot

frio

cold

pequeno

small

grande

big

 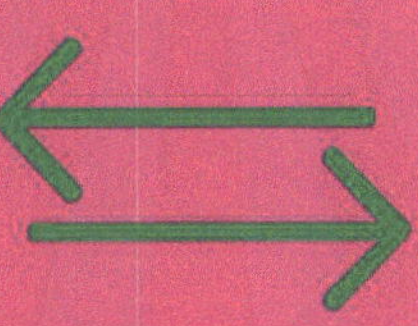

curto

short

longo

long

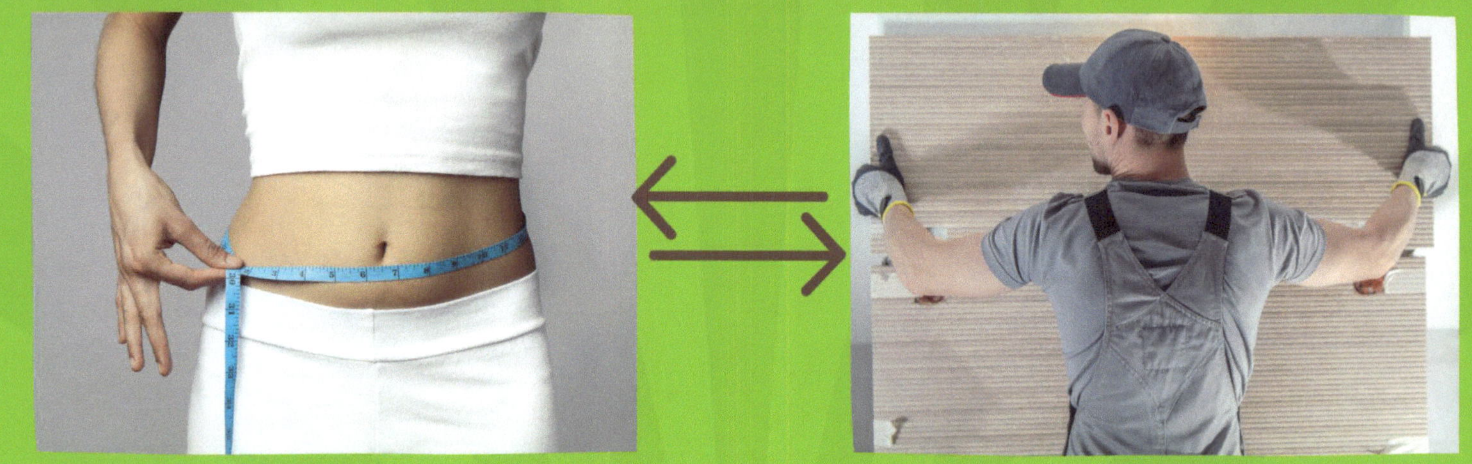

fino

thin

grande

large

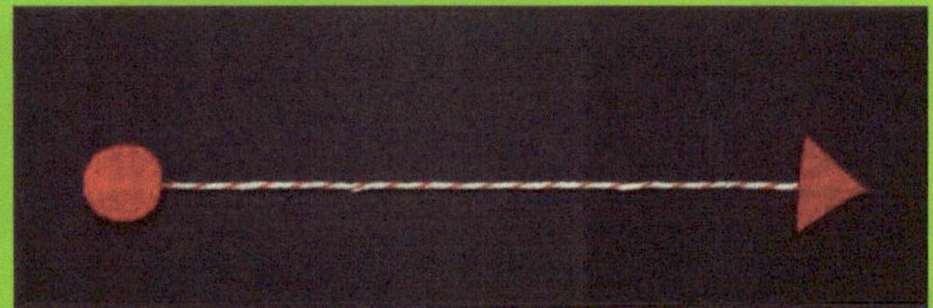

fácil

easy

difícil

difficult

levantar-se

stand up

sentar-se

sit down

doce

sweet

salgado

salty

pesado

heavy

leve

light

dentro

in

fora

out

sujo

dirty

limpo

clean

fechar

close

abrir

open

lápis

pencils

relógio

clock

chave

key

livro

book

cama

bed

berço

🇺🇸 crib

🇬🇧 cot

mesa

table

cadeira

chair

carro

car

bicicleta

bike

avião

plane

barco

boat

comboio

train

helicóptero

helicopter

camião dos bombeiros

🇺🇸 **firetruck**
🇬🇧 **fire engine**

bombeiro

firefighter

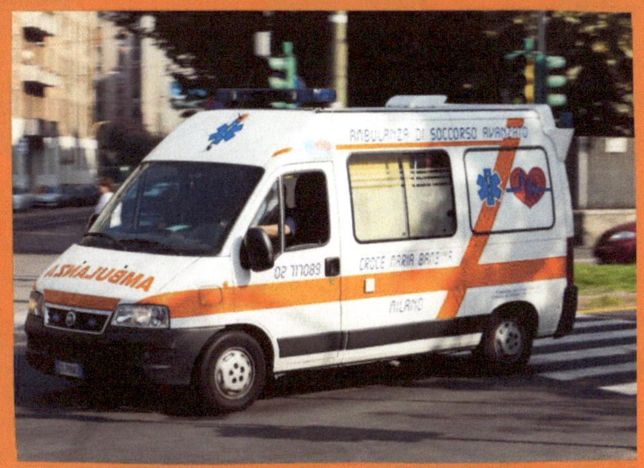

ambulância

ambulance

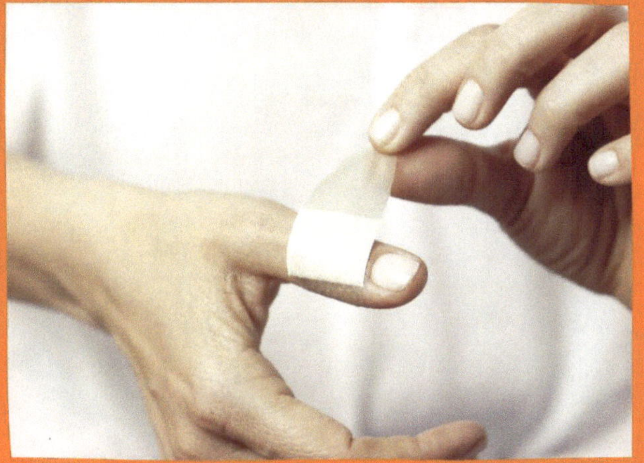

ligadura

bandage

paramédico

paramedic

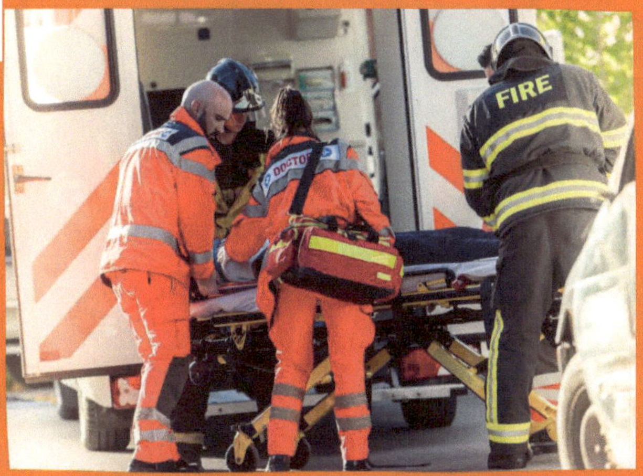

equipa de resgate

rescue team

floresta

forest

montanha

mountain

relva

grass

areia

sand

árvore

tree

flor

flower

borboleta

butterfly

formiga

ant

gato

cat

cão

dog

cavalo

horse

rato

mouse

vaca

cow

porco

pig

ovelha

sheep

pato

duck

ganso

goose

coelho

rabbit

peixe

fish

veterinário

vet

médico

doctor

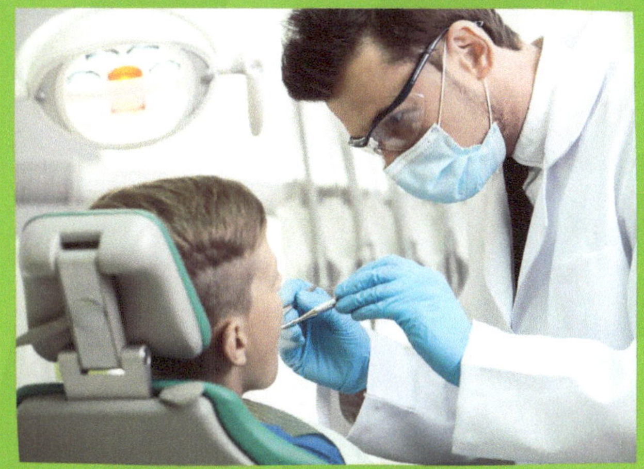

dentista

dentist

farmacêutico

pharmacist

enfermeira

nurse

cabeça

head

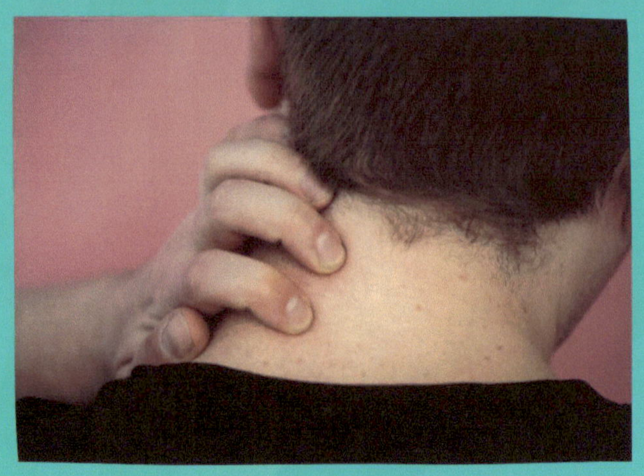

pescoço

neck

pé

foot

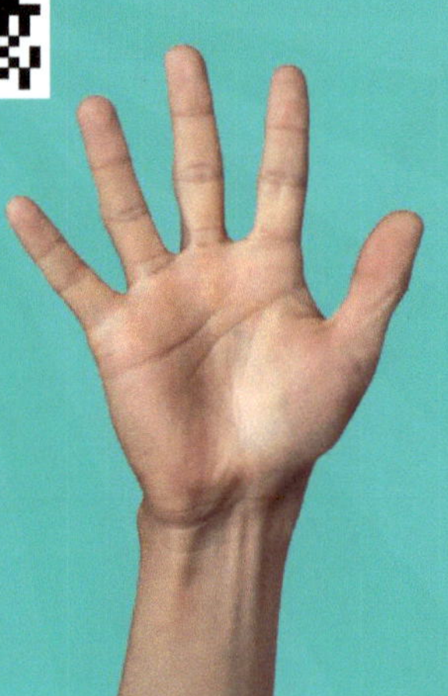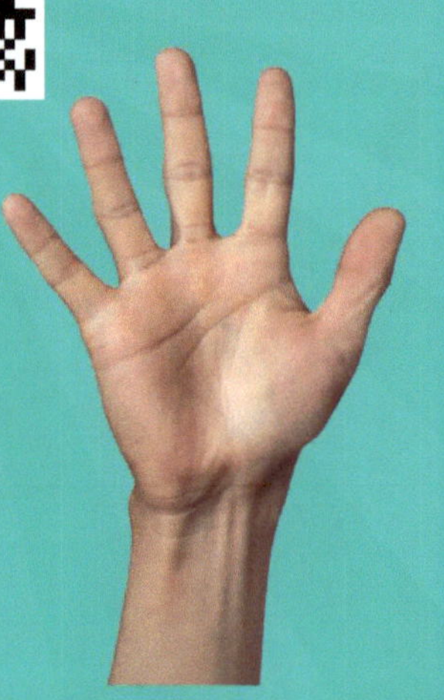

mão

hand

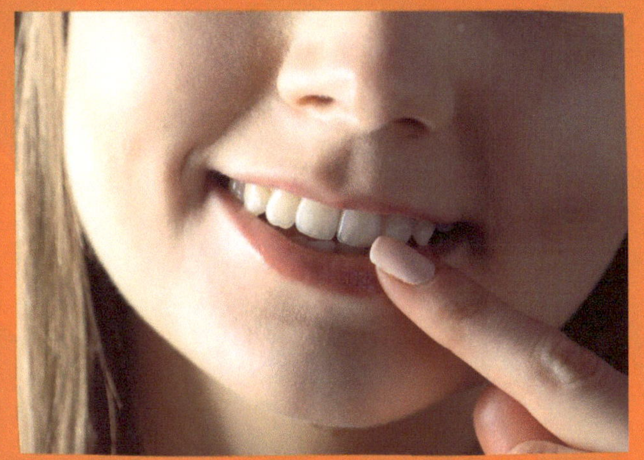

dentes

teeth

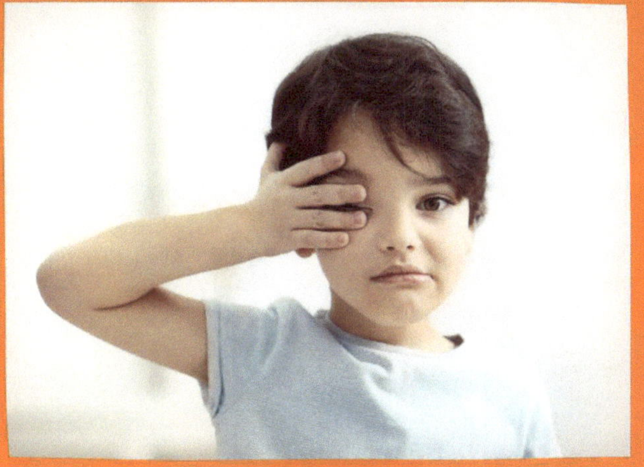

olho

eye

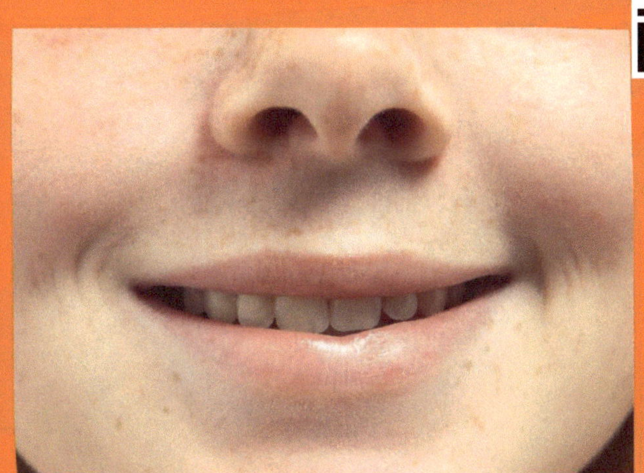

boca

mouth

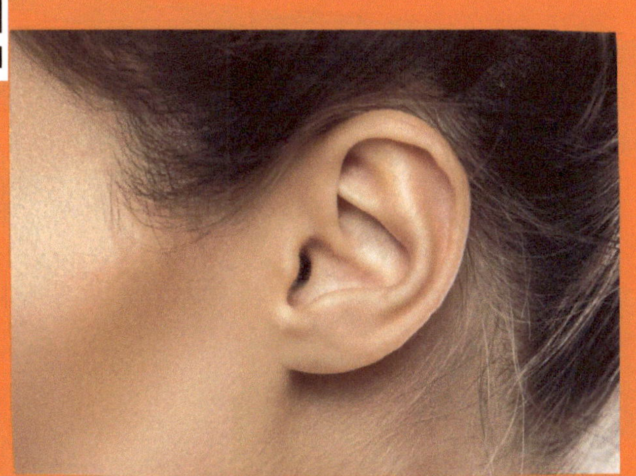

orelha

ear

chapéu

hat

vestido

dress

calças

🇺🇸 pants
🇬🇧 trousers

sapatos

shoes

casaco

coat

cachecol

scarf

guarda-chuva

umbrella

óculos

glasses

sol

sun

nublado

cloudy

chuvoso

rainy

lua

moon